www.tredition.de

AF186533

Blauauge

Jawoll, mein Herrchen!

30 goldene Regeln
aus der Meisterschule
des Sadomasochismus

Ein Lehrbuch in Wort und Bild

www.tredition.de

© 2018 Blauauge (Text und Illustrationen)

Verlag und Druck: tredition GmbH, Hamburg

ISBN
Paperback: 978-3-7469-1006-2
Hardcover: 978-3-7469-1007-9
e-Book: 978-3-7469-1008-6

Inhaltsverzeichnis

Vorwort   6

Einführung für den Herrn   7

Einführung für die Dame   8

Die 30 goldenen Regeln

Regeln 1-5:   Beherzige ein paar Grundregeln…   9

Regeln 6-9:   Kenne deine Rolle…   15

Regeln 10-13:   Männlich, markant… dominant?!   20

Regeln 14-18:   Überzeuge mit Persönlichkeit…   25

Regeln 19-22:   Züchtigen, aber richtig!   31

Regeln 23-26:   Achte auf die Finanzen…   36

Regeln 27-30:   Regeln für Fortgeschrittene…   41

Nachwort   46

Schlag-Wort-Verzeichnis   47

Vorwort

Schätzungsweise 800 Millionen praktizierende Sadomasochisten fügen sich weltweit jeden Tag erhebliche Schmerzen zu. Schlagen, Treten, Beißen, Schimpfen, Tadeln und Trampeln gehören zur täglichen Routine. Permanent lebt die nach den Frauen zweitgrößte Minderheit des Planeten die wahre Bestimmung der Menschheit in vollsten Zügen aus: Herrschen und beherrscht werden.

Mit dieser faszinierenden Welt aus Pein und Peinlichkeit, Niederungen und Erniedrigungen, Siegern und Besiegten, Lack und Leder, Subs und Doms, armen Schweinen und reichen Säcken möchte ich Sie in diesem imposanten Lehrbuch vertraut machen. Den Erfahrenen unter Ihnen soll dieses Werk ein regelrechter Leid-Faden sein, um Ihre Machtposition zu sichern bzw. Ihre Unterwerfung zu vervollkommnen.

Egal ob Dom oder dumm, ob Sub oder Suppenhuhn, Herrscher oder Herrchen, für jeden hält dieser praxisorientierte Ratgeber eine Menge an nützlichen Tipps parat!

Lesen!

Einführung

Für den Herrn:

Kennen Sie das auch? Auf der Straße werden Sie von wildfremden Menschen angesprochen, denen Sie durch Ihre markante, dominante Art ungemein imponiert haben. Dass Sie in Wirklichkeit nur ein stadtbekannter Schläger auf Freigang sind, verschweigen Sie lieber. Sagt man Ihnen vielleicht auch nach, Sie seien streng, aber gerecht? Mit Ihrer dominanten Ader machen Sie nicht nur gehörig Eindruck beim anderen Geschlecht, nein, Sie ergattern für sich darüber hinaus mannigfaltige Vorteile im Alltagsleben:

In der Kassenschlange werden Sie bereitwillig vorgelassen, Sie sind mit dem Türsteher bald per Du, und Sie können zu jeder Tages- und Nachtzeit unbehelligt U-Bahn fahren. Dominanz siegt.

Dieses Buch soll Ihnen helfen, Ihre dominante Ader ein für alle Mal zu festigen! Es soll Ihnen als praktische Anleitung dienen, wie Sie durch Dominanz zum Erfolg kommen. Insider-Tipps und prägnante Illustrationen werden Ihnen den letzten Schliff geben, so dass Ihnen schon bald die halbe Welt lechzend zu Füßen liegt!

Für die Dame:

Kennen Sie das auch? Sie hatten im Leben immer nur Pech. Schon als Kleinkind wurden Sie gehänselt, weil Sie eine hässliche Nase oder sonst eine Macke haben. In Schule und Beruf vermochten Sie weniger mit Kompetenz zu beeindrucken, allenfalls mit Korpulenz. Männer hatten selten Interesse an Ihnen, und wenn, ging es dabei nur um kurze Affären. Mit der Zeit haben Sie gelernt, dem Manne zu dienen und sich ihm bedingungslos zu unterwerfen. Sie haben es verstanden, aus der Not eine Tugend zu machen, und Sie fühlen sich in der Rolle der Unterlegenen – der Sub – längst pudelwohl.

Kurzum: Sie brauchen Erniedrigung, Brutalität und Strafe zum Lebensglück. Und Sie genießen die vielfältigen praktischen Vorteile, die sich daraus ergeben, dass Sie in der Öffentlichkeit die arme Sau spielen: Man wirft Ihnen aufmunternde Blicke zu oder auch schon mal ein Eurostück in den Hut. Ein jeder erkennt: Diese Frau ist devot.

Auf dem Weg in Ihre endgültige Versklavung soll Ihnen dieses Werk ein Wegweiser sein. Sie werden lernen, zu gehorchen, zu dienen und bedingungslos all das zu tun, was Sie *nicht* wollen.

So kann es für Sie nur heißen: Auf die Knie!

Beherzige

ein paar

Grundregeln...

(Regeln 1 – 5)

Regel 1:

Lacht deine Sub im Überfluss…
so schließe deinen Reißverschluss!

Regel 2 (Faust-Regel):

Wirst du von deiner Sub verdroschen…

ist deine Herrschaft wohl erloschen!

Regel 3:

Wirst du von deiner Sub bestohlen…

dann musst du ihr den Arsch versohlen!

Regel 4:

Hat deine Sub sich rausgeputzt…
dann wird sie vielleicht fremd benutzt!

Wenn über dich die Sub nur lacht…

dann hast du etwas falsch gemacht!

Kenne

deine

Rolle...

(Regeln 6 – 9)

Regel 6:

Deine Sub darf sich nicht rühren…

doch sie darf den Haushalt führen!

Regel 7:

Wirst du von deiner Sub belehrt…

ist deine Rolle wohl verkehrt!

Regel 8:

Gehst du mit deiner Sub spazieren…

darfst du die Herrschaft nie verlieren!

Regel 9:

Hat deine Sub dich in der Hand…
dann nenn dich besser „Dilettant"!

Männlich,

markant...

dominant?!

(Regeln 10 – 13)

Regel 10:

Sagt deine Sub, du wärst ganz nett…

dann bist du eine Null im Bett!

Regel 11:

Fühlt deine Sub sich nicht beglückt…

dann bist du nicht sehr gut bestückt!

Regel 12:

Rutscht deiner Sub die Hand gern aus…
dann flüchte in ein Männerhaus!

Regel 13:

Gibt deine Sub dir Kosenamen…
dann wird's nix mit devoten Damen!

Überzeuge

mit

Persönlichkeit...

(Regeln 14 – 18)

Regel 14:

Wenn deine Sub dich nicht versteht...
dann lern erst mal das Alphabet!

Regel 15:

Verweigert dir die Sub das Spiel…
dann liegt's vielleicht am Kleidungsstil!

Regel 16:

Zitiert die Sub gern Kleist und Brecht…
wär etwas Bildung gar nicht schlecht!

Regel 17:

Entpuppt sich deine Sub als Zicke…
dann heul dich aus bei deiner Clique!

Regel 18:

Wenn dir die Sub den Kiefer bricht…

dann bist du nur ein kleines Licht!

Züchtigen,

aber

richtig!

(Regeln 19 – 22)

Regel 19:

Schwingt deine Sub gern freche Reden…
dann nützen nur Personenschäden!

Droht deine Sub dir mit Gewalt…

dann hau sie feste, bis es schallt!

Regel 21:

Wenn deine Sub aufs Werkzeug schielt…

dann bist du hoffnungslos verspielt!

Regel 22:

Schlägt deine Sub dich mit dem Besen…

dann bist du wohl nie streng gewesen!

Achte

auf die

Finanzen...

(Regeln 23 – 26)

Regel 23:

Lebt deine Sub von deinem Geld…

dann bist du weder Dom noch Held!

Regel 24:

Verlangt die Sub für Liebe Scheine…

dann nimm sie an der Hundeleine!

Regel 25:

Nimmt deine Sub dir Haus und Hof…

dann warst du gar nicht Dom, nur doof!

Regel 26:

Brauchst du mal selbst ne Domina…
dann zahlst du besser gleich in bar!

Regeln

für

Fortgeschrittene...

(Regeln 27 – 30)

Wird deine Sub zur grauen Maus…

dann leih sie mal an Freunde aus!

Regel 28:

Wenn du beim Switchen schreist und flennst...

wär's gut, wenn du das Safeword kennst!

Regel 29:

Musst du die Sub zu etwas zwingen…
so wird dir Herrschaft nie gelingen!

Regel 30:

Frisst deine Sub dir aus der Hand…
dann bist du wirklich dominant!

Nachwort

Das waren sie, die 30 goldenen Regeln aus der Meisterschule des BDSM. Bondage und Disziplin, Dominanz und Submission, Sadismus und Masochismus: Nun wissen Sie in sämtlichen Bereichen Bescheid und sind damit bestens gerüstet für Ihren täglichen Nahkampf!

Sollte die eine oder andere Instruktion schon wieder in Vergessenheit geraten sein, so finden Sie im Folgenden die im wahrsten Sinne des Wortes wichtigsten „Schlag-Worte" – von A wie „aua" bis Z wie „Züchtigung"!

Weitere Regeln werden im Übrigen gerne entgegengenommen, ebenso wie Vorschläge, wie die Sub angemessen zu bestrafen ist.

Kontakt zum Autor: blauauge79@gmx.de

Schlag-Wort-Verzeichnis

Analphabet ....……...…… 26

Arsch ....….… 11, 12

Arschloch ....…......................….…..… 32

au ....…................ 11

aua ....…................. 11

auf die Knie ....…..…........ 44

aufhören ....…................ 32

ausheulen ....…......... 29

ausnehmen ....…..… 37, 39, 40

Banane ....…...................................... 14

belehren ....…........... 17

Besen ....…............. 35

Bestückung ....….......... 22

Bildung ....… 26, 28

bitten ....…... 12, 32, 37

Brecht ....…............ 28

Clique ....…..................… 29

Diebstahl 12

Dilettant 19

Dömchen 19, 34, 39

Domina 40

doof 39

EC-Karte 40

Faust 28

Finger 28

flennen 43

Frechheit 32

Fremdbenutzung 13

Fresse 30

fressen 45

Freunde 42

Gemeinheit 10

Gewalt 33

graue Maus 42

Hasipupsi 24

hauen 11, 33

Haushalt 16

herausputzen 13

Herrchen 45

Herrschaft 11, 44

Hundeleine 38

Kieferbruch 30

Kleidung 27

kleines Licht 30

Kleist 28

Kosename 24

Kreditkarte 37

lachen 10, 14

Männerhaus 23

Null im Bett 21

offene Hose 10

Olle 42

Personenschäden 32

Reißverschluss 10

Rollentausch 18

Rollenverständnis 16, 18

Safeword 43

Scheine 38, 40

schielen 34

Schlaffi 38

schlagen 35

schreien 43

Schweinkram 13

siezen 24

sortieren 28

spazieren 18

spielen 27, 34

switchen 43

umbringen ....…… 33

umziehen 39

verbieten ....…… 33

verdreschen 11

verhauen 33

versohlen 12

Verspieltheit ....…… 34

Weichei ....…….. 23

Weihnachtsmann 35

Werkzeugkoffer 34

Zicke ....…..... 29

züchtigen ....…... 32, 33

zwanzig Zentimeter 10

zwingen 44

Raum für Notizen

MIX

Papier | Fördert
gute Waldnutzung

FSC® C083411

Zeitfracht Medien GmbH
Ferdinand-Jühlke-Straße 7
99095 Erfurt, Deutschland
produktsicherheit@kolibri360.de